GW01182380

IND

VERBLÜFFENDE FAKTEN ÜBER MEDITATION: MEDITATIO IST LATEINISCH UND BEDEUTET SO ETWAS WIE NACHDENKEN, ÜBERLEGEN UND BESINNEN | MENSCHEN **MEDITIEREN** SCHON LÄNGER ALS 2.500 JAHREN | SCHON LÄNGST INTERESSIEREN SICH WISSENSCHAFTLER UND MEDIZINER FÜR DIE **MEDITATIVE** PRAXIS, VOR ALLEM ALS ENTSPANNUNGS- UND ACHTSAMKEITSTECHNIK | ES GIBT NICHT DIE EINE TECHNIK DER **MEDITATION**. SIE IST VIELMEHR EINE GANZ PERSÖNLICHE, INDIVIDUELLE ERFAHRUNG DER EIGENEN ICHS DURCH BESINNUNG AUF DAS NICHTS | EIN MANTRA HILFT, SEINE GEDANKEN LOSZULASSEN UND SICH VOLL UND GANZ AUF DEN MOMENT ZU KONZENTRIEREN | DIE SILBE OM (SANSKRIT ॐ) WIRD ALS URKLANG BEZEICHNET UND GILT IM HINDUISTISCHEN, JAINISTISCHEN UND BUDDHISTISCHEN KONTEXT ALS HEILIG | IM BUDDHISMUS GILT **MEDITATION** ALS EINER DER WICHTIGSTEN WEGE ZUR ERLEUCHTUNG | SO EINFACH **MEDITATION** AUCH WIRKT, DEN MEISTEN FÄLLT ES SCHWER ZU **MEDITIEREN** | MAN UNTERSCHEIDET ZWISCHEN PASSIVER UND AKTIVER **MEDITATION** | OFT KONZENTRIERT MAN SICH DARAUF, DEN EIGENEN GEIST ZU BERUHIGEN | DIE **MEDITATIVE** PRAXIS IST FÜR JEDEN GEEIGNET | SCHON 20 MINUTEN AM TAG GENÜGEN, UM SEINE KOGNITIVEN FÄHIGKEITEN INNRRHALB ENER WOCHE MITHILFE VON **MEDITATION** ZU STEIGERN | MAN GELANGT DABEI AUS DEN ALPHA- IN DIE GAMMA-WELLEN – DIE HÖHSTE BEWUSSTSEINSERFAHRUNG | WER REGELMÄSSIG **MEDITIERT**, GEWINNT EINEN BESSEREN ZUGANG ZU SEINEM KÖRPER, HAT SEINE GEDANKEN UNTER KONTROLLE, LERNT, ERFOLGREICHER MIT STRESS UMZUGEHEN UND STETS OFFEN FÜR NEUES ZU SEIN

Mit Meditation gegen den Alltagsstress

von Judith Probst-Grasser

FSC
www.fsc.org

MIX

Papier aus ver-
antwortungsvollen
Quellen
Paper from
responsible sources

FSC® C105338

EINLEITUNG

Hast Du früher auch gedacht, dass Meditation etwas äußerst Religiöses bzw. Spirituelles ist? Ich habe die meditative Praxis deshalb lange ignoriert und erst viel später als perfektes Anti-Stress-Ritual kennen aber vor allem schätzen gelernt.

Inzwischen meditiere ich regelmäßig und nicht nur das: ich habe vor Kurzem selbst eine Ausbildung in Meditation absolviert, um andere *Gestresste* an diese vielseitige, jederzeit anwendbare und tiefe Entspannungspraxis heranzuführen. Und darum geht es auch in diesem Buch.

Für dieses Thema habe ich bewusst die 33 SEITEN Reihe gewählt, denn es gibt zahlreiche Abhandlungen über Meditation, die ganze Bücherregale füllen. Ich habe nicht vor, die ganze Welt der Meditation nachzuzeichnen und weit auszuholen. Man kann Meditation natürlich aus unterschiedlichen Blickwinkel betrachten, aus religiöser, philosophischer, psychologischer aber auch medizinischer und neurologischer Sicht. Ich tue es als Praktizierende – also als eine, die Meditation in ihren manchmal stressigen und oftmals lauten Alltag integriert, um besser mit den Reizen umgehen zu können und nicht an ihnen zu zermürben. In diesem Buch geht es also vielmehr darum, Meditation schnell zu verstehen, einfach zu erlernen und direkt auf den Alltag anzuwenden.

Die Vorteile dieser Buchreihe – falls Du sie noch nicht kennst - erklären sich von selbst. Einige möchte ich dennoch kurz aufzählen:

1. Keiner hat heute mehr Zeit zu Lesen. Auch das Erlernen einer neuen Praxis wie Meditation erfordert Zeit und Beständigkeit, die die wenigsten in der Schnelllebigkeit, die uns prägt, aufbringen können.
2. Ich fasse mich deshalb kurz. Denn die Länge eines Buches sagt grundsätzlich nichts über die Qualität des Inhalts aus. *Mehr* heißt nicht automatisch besser.
3. Bücher, die erst einmal „die ganze Welt erklären", können schnell ausarten und die Leser*innen unnötig langweilen. Nicht selten erwischt man sich, das Buch ungeduldig vorzublättern und ein paar Kapitel zu überspringen, nicht wahr?
4. Deshalb sind, so bestätigt der Zeitgeist, die Autor*innen heute dazu angehalten, das *Wesentliche* auf den Punkt zu bringen. Es ist heute wirklich eine Kunst, nicht auszuschweifen, sondern das Thema präzise zusammenfassen zu können.
5. Die Buchreihe 33 SEITEN verfolgt genau diesen Gedanken. Warum 300 Seiten füllen, wenn man das Wichtigste auch auf 33 Seiten sagen kann?!?
6. Gleichzeitig stellen sich die Autor*innen dieser Reihe niemals *allwissend* dar! Jede Thematik wird individuell, nach bestem Wissen und subjektiven Erfahrungen erörtert und dargestellt. Es gibt kein

richtig oder falsch und auch keinen Anspruch auf Vollständigkeit. Dennoch sind die Autoren der 33 SEITEN Reihe bemüht, ihr Wissen sachlich verständlich zu vermitteln und dabei immer auch die eigene persönliche Note einfließen zu lassen. Das macht die Reihe so authentisch und einzigartig!

7. Das hier vorgestellte Thema kann kritische Aspekte beinhalten, sollte aber vor allem Spaß beim Lesen bereiten, inspirieren und Dir einen Mehrwert bieten.

Du hast jetzt erfahren, was die Besonderheit der Reihe 33 SEITEN ist. Nun hoffe ich, Dir die Praxis der Meditation ebenfalls in wenigen Worten nahezubringen und Dir auf wenigen Seiten zu zeigen, wie ich persönlich zum Meditieren gekommen bin, die Praxis erlernt habe und diese nun weitergebe. Am Ende zeige ich Dir, wie Du selbst möglichst unkompliziert und einfach mit dem Meditieren beginnen kannst.

Viel Spaß bei der Lektüre wünscht,

Judith Probst-Grasser

WARUM MEDITATION?

Laute Welt

Ich habe täglich viel Lärm um mich herum. Dabei prasselt auch viel Negatives auf mich ein, so dass ich mir am Ende des Tages schwer tue, abzuschalten. Denn ich arbeite als Büroangestellte in einem Großraumbüro mit über 10 Mitarbeiter*innen, die alles andere als leise vor sich hinarbeiten. Geht ja auch schlecht. Ständig muss etwas gesagt, besprochen und gelöst werden. Jemand muss telefonieren, ein anderer etwas quer über den Tisch besprechen.

Doch das ist gar nicht der eigentliche Störfaktor. An diese Lautstärke und die ständigen Unterbrechungen habe ich mich gewöhnt (oder ich halte die Ohrstöpsel immer griffbereit). Es ist vielmehr diese negative Schwingung, die von manchen Menschen ausgeht. Ich habe Kolleg*innen, die kommen fast jeden Morgen mit mieser Laune zur Tür herein. Andere sitzen murmelnd vor ihrem PC und ärgern sich lautstark über jede Email, die reinkommt. Andere wiederum sind permanent genervt. Und wenn man sie anspricht, muss man damit rechnen, angefaucht zu werden. Außerdem kennt fast jeder Betrieb eine*n Besserwisser*in, einen Lästermaul, eine*n Neurotiker*in und Choleriker*in. Sie setzen einem besonders zu. Das alles raubt mir enorm viel Energie. Wer mehr als 40 Stunden die Woche mit solchen Menschen auf engsten Raum zusammenarbeitet, braucht sich nicht zu wundern, wenn die eigene Persönlichkeit darunter leidet und wenn man selbst irgendwann komische (Charakter-)Züge annimmt. Zudem wird man selbst abgebrüht, wenn nicht sogar immer stärker teilnahme- und emotionslos. Das ist die wohl einzige Methode, derartige Negativität nicht an sich heran zu lassen.

Man kann sich die Mitmenschen nicht immer aussuchen

Ich spreche bewusst von der Arbeit – denn hier verbringe ich die meiste Zeit, während meines Wachzustands. Die Menschen, die mir guttun, die ich liebe, schätze und *freiwilllig* um mich habe, sehe ich leider nur abends, wenn ich müde und erschöpft nach Hause komme. Leider ist es auch so, dass ich meine Laune vom Tag oft mit nach Hause bringe und diese leider auch auf mein Umfeld abfärbt.

Normalerweise gehe ich *toxischen* Menschen einfach aus dem Weg. Kolleg*innen kann man sich aber nicht aussuchen, genauso wenig wie Nachbarn oder manche Familienmitglieder. Deswegen ist die Strategie Aus-dem-Weg-gehen keine gute gewählte. Sie klappt nur kurzfristig. Denn ich lerne auf diese Weise nie, mit dem Problem umzugehen. Ich werde immer auf schwierige Situationen und eben auch auf schwierige Menschen treffen, das lässt sich nicht vermeiden - *that's life!* Ich will meine Lebenszeit also nicht verharren oder etwas „aushalten müssen", abgestumpft oder emotionslos werden, sondern richtig nutzen. Und ich will wissen, wie ich das am besten schaffe.

Einfach abschalten? Wer kann das schon?

Doch da gibt es dieses eine Problem, mit dem ich direkt nach der Arbeit zu kämpfen habe: Abschalten! Also, den Betriebsmüll hinter mir lassen und sofort auf *entspannt* oder *gelassen* umswitchen. Der Kopf sieht das anders. Er kann nicht einfach den Hebel umlegen. Er hat etwas zu verarbeiten und ich habe oft das Bedürfnis, all die Eindrücke des Tages irgendwie besprechen oder reflektieren zu müssen.

Doch diese zu sortieren, benötigt eine Extraportion Kraft. Und diese habe ich in den seltensten Fällen, weil mich der Tag bereits dermaßen geschlaucht hat, dass ich oft zu nichts mehr zu gebrauchen bin. Was ich wirklich brauche, ist ...

Ja, was eigentlich? Was ist die beste (und hoffentlich schnellste) Methode, richtig und effizient abzuschalten? Gibt es irgendwo doch eine Art Schalter, den man nach Feierabend umlegen oder einen Stecker, den ich ziehen kann (manche Menschen scheinen ihn tatsächlich zu haben)? Am Schlimmsten ist es, wenn mich die Arbeit in der Nacht einholt, mir Alpträume bereitet, mich aus dem Schlaf reißt und für beängstigendes Herzklopfen sorgt. Danach ist nicht mehr an Weiterschlafen zu denken. Oft liege ich dann einfach wach, manchmal sogar bis morgens, wenn der Wecker klingelt. Vielen Dank, liebe Arbeitswelt.

Nein, das ist auch nicht richtig! So mache ich es mir zu leicht. Ich gerate auf diese Weise schnell in eine Opferhaltung. Natürlich ist weder die Arbeitswelt schuld, noch irgendwelche *blöden* Mitarbeiter*innen. Ich entscheide. Ich allein entscheide, wie ich mich fühle, was ich denke und wie ich mit schwierigen Situationen umgehen möchte. Wenn ich nicht sofort abschalten oder nicht richtig schlafen kann, sollte ich das Problem mit mir lösen. Ich möchte mich dabei nicht von Ärzten, Medikamenten oder Psychologen abhängig machen. Natürlich auch nicht von Alkohol, Zigaretten oder einer tröstenden Schokolade.

Also gehe ich auf Suche nach der besten uns sichersten Methode. Ich lerne meditieren.

Zugegeben, lange hat mich dieses Wort *Meditation* abgeschreckt. Ich habe es zum ersten Mal in der Schule, in der elften Klasse im Religionsunterricht gehört. Natürlich verbinde ich damit weitere Begriffe wie Buddha, Stillsitzen oder im Nirwana verschwinden. Ich bin nicht spirituell und habe eigentlich auch nichts mit Religion am Hut. Also kam diese Technik im beruflichen Kontext lange nicht für mich in Frage.

Die üblichen Methoden

Ich probierte es zunächst mit Feiern bis in die Puppen aus und natürlich mit Frustshopping. Als ich etwas älter wurde, kam Sport hinzu. Joggen brachte mich immer auf gute Gedanken und sorgte für ein tolles Ganzkörpergefühl danach. Dann nahm mich eine Freundin mal mit zum Yoga, eine andere empfahl mir den Abendkurs „Autogenes Training" von ihrem Hausarzt.

Tiefes Atmen, Sonnengruß und schwere Arme ... alles super Techniken, um runter zu kommen, um eine Weile das Gefühl zu haben, etwas richtig zu machen, aber der Alltagsstress – das Gewitter im Kopf – holt einen auch hier irgendwann wieder ein.

Es muss doch noch etwas anderes geben!

Schließlich hinterfragte ich alles – kleine Sinnkrise zwischendurch – suchte die Ruhe *per se* und begann ganz von vorn. Dies war die Zeit, als ich abends einfach nur meine Yogamatte ausrollte, mich hinsetzte, die Augen schloss und einfach mal tief durchatmete.

WIE FUNKTIONIERT MEDITATION IM ALLTAG?

Wir wissen fast alle, was uns guttut und was gesund ist: zum Beispiel mehr Sport, aber auch mehr Gemüse, natürlich weniger Alkohol und weniger Sitzen. Doch Gesundheit ist mehr als nur genügend Bewegung und gesunde Ernährung. Eine dritte Komponente wird gerne vernachlässigt.

Gesundsein ist nicht nur Bewegung und Ernährung, sondern auch Ruhe, Entspannung und Meditation.

Ernährung plus Bewegung plus Meditation, drei „Lebensecken", die zusammen einen hervorragenden Gesundheitsdreieck mit gleichen Winkeln zueinander ergeben.

Meditation – was genau soll das sein und vor allem, wie kann man sie sich in einer modernen Welt vorstellen, ohne gleich ins Esoterische abzudriften? Viellicht lässt es sich mit einem anderen, verwandten Wort umschreiben: Regeneration. Meditation ist die mentale Regeneration von psychischem Stress. Jeder weiß, dass Regeneration notwendig ist, wenn man gerade eine anstrengende Tätigkeit hinter sich hat. Nur während der Regeneration kann sich neues Wissen verankern, erholt sich unser Immunsystem wieder, wachsen Muskeln, arbeiten unsere Zellen. In dieser Ruhephase beginnt der eigentliche Weiterentwicklungsprozess.

Meditation heißt aber auch einfach nur mal die Augen schließen, tief durchatmen und in sich hineinhorchen – damit fängt alles an.

So blöd es auch klingt, aber einfach mal nichts tun müssen, nicht an Morgen denken, nicht den Tag Revue passieren lassen, sondern einfach jetzt da sein – fokussiert, präsent, gleichzeitig entspannt sein, fällt uns unglaublich schwer. Gleichzeitig sind

„im Hier und Jetzt sein" und „achtsamer sein" heute sehr populäre Ideen und Ausdrücke, die wir uns bereits in der Kaffeeküche gegenseitig wünschen und uns stets daran erinnern, lieber einen Schritt kürzer zu treten, bevor man auszubrennen droht.

Inzwischen wissen wir (und kennen mindestens eine Person aus unserem Freundes- und Bekanntenkreis, die davon betroffen ist), dass Depression und Burnout jeden treffen können. Davor haben wir alle Angst und wir wissen auch sehr gut, dass die Vernachlässigung unserer Gesundheit – in Form von Stress, permanenten Leistungsdruck und einer pausenlosen Beschäftigung – eben diese und andere Erkrankheiten auslösen vermag. Es ist also wichtig, nicht nur über die Tatsache Bescheid zu wissen und einen gegenseitig daran zu erinnern, sondern vor allem aktiv selbst etwas zu tun.

Und Meditation – so bestätigen immer mehr Wissenschaftler*innen, Therapeut*innen und Ärzt*innen – ist eine sinnvolle Praxis, mit der man dem Alltagsstress überwinden kann.

Nachdem ich damals auf der Yogamatte meinem inneren Drang nach Ruhe nachgab, wusste ich plötzlich sofort, was zu tun ist. Es war wie ein

Geistesblitz! Ich musste Meditation kennenlernen. Und so ging ich zunächst literarisch auf Suche.

Sichtung der bisherigen Literatur

Ich besorgte mir allerlei Bücher (von Marie Mannschatz bis Maren Schneider) und schaute mir Online-Dokumentationen über meditierende Mönche an (vom Dalai Lama bis Matthieu Ricard). Ich las wissenschaftliche Untersuchungen (von Ulrich Ott, Professor Richard Davidson bis Professor Sedlmeier) und lernte die abgeleitete therapeutische Methode namens Mindfulness-Based Stress Reduction (MBSR) von Jon Kabat-Zinn kennen.

Auf diesem Gebiet gibt es natürlich auch viel Unfug, viel Esoterisches und Unglaubwürdiges. Da sollte mich sich tatsächlich mit wissenschaftlichen, bevorzugt mit medizinischen, psychologischen und neurologischen Abhandlungen beschäftigen.

Wenn Dich das Thema weiter interessiert, möchte ich Dir folgende Literatur ans Herz legen:

- **Gesund durch Meditation. Das vollständige Grundlagenwerk zu MBSR** von Jon Kabat-Zinn
- **Stressfrei durch Meditation. Das MBSR-Kursbuch nach der Methode von Jon Kabat-Zinn** von Maren Schneider

- **Denken wir ein Buddha. Gelassenheit und innere Stärke durch Achtsamkeit** von Rick Hanson
- **Meditation für Anfänger** von Jack Kornfield
- **Stillsitzen wie ein Frosch** von Eline Snel
- **Das kleine Meditationsbuch für alle, die nicht meditieren können** von Pascal Akira Frank
- **Meditation für Skeptiker** von Ulrich Ott
- **Den Geist beruhigen. Eine illustrierte Einführung** von Matthew Johnstone
- **Von Null auf Omm. Achtsamkeitsübungen für weniger Stress und mehr Gelassenheit** von Manuel Ronnefeldt
- **The Heart of Meditation** von Dalai Lama
- **Glücklich sein im Hier und Jetzt. Meditationen für 53 Wochen** von Thich Nhat Hanh

Dann fing ich an, Meditation selbst zu praktizieren. Am Anfang zunächst nur wenige Minuten am Abend, dann längere Sitzmeditationen am Wochenende, ohne Zeitlimit und oft bis spät in die Nacht. Ich nutzte verstärkt Mittagspausen für kleine meditative Ruhepausen (raus ins Freie, ab auf eine Bank, Augen geschlossen halten und einfach mal tief durchatmen) und begann Gruppen und Kloster in meiner Region zu besuchen, in denen ich Meditieren in Gemeinschaft und unter verschiedenen Gesichtspunkten kennenlernte.

Schließlich meldete ich mich selbst in einer Meditationsschule an, um mich in dieser Praxis professionell ausbilden zu lassen.

Meditation kennt viele Wege

Ich war erstaunt! Es gibt so viele verschiedene Richtungen, Theorien, Ideen, Gruppen und Praktiken: Vipassana, Zazen und Kundalini Yoga, MBSR, Transzendentale und Metta Meditation sind einige, um die Wichtigsten zu nennen. Selbst jede Alltagshandlung - sei es Gehen, Wandern, Tanzen, Musizieren, Zeichnen, Tee trinken oder den Abwasch erledigen – können tolle meditative Momente sein.

Aufregend und entspannend zugleich

Über die Zeit passierte etwas mit mir - auf der einen Seite war ich mit jeder gewonnenen Erkenntnis über und jeder subjektiven Erfahrung während der Meditation immer *aufgeregter*. Auf der anderen Seite pendelte sich eine beachtenswerte *innere Ruhe* in mir ein. Typische Situationen auf der Arbeit, die mich sonst immer innerlich zum Explodieren brachten oder schwierige Menschen, in deren Nähe ich sonst immer nervös wurde, machten mir plötzlich nicht mehr so viel aus!

Ganz verschwunden waren meine Ängste und negativen Emotionen natürlich nicht. Ich bin immer noch ein Mensch aus Fleisch, Blut und Gefühlen. Aber diese Sensibilität wurde *umgewandelt* in entspanntes Dasein.

Ich kontrollierte meinen Puls während dieser Phase regelmäßig und war verblüfft, wie konstant ruhig er sich verhalten hat. Und erlebte ich mal eine Aufregung, beobachtete ich an mir selbst, dass diese schneller wieder abflachte und ich mich nicht mehr so schnell aus der Ruhe bringen ließ.

Aber das Interessante war, diese Ruhe machte mich nicht automatisch abgestumpfter oder emotionsloser, wie ich es zu Beginn schon erwähnt habe und selbst an mir beobachtete. Im Gegenteil, meine Gelassenheit vermischte sich mit einer Art Mitgefühl oder Nächstenliebe (wie es auch im religiösen Kontext oft heißt). Ich schaute die Menschen plötzlich anders an. Ich habe mich in ihre Lage versetzt ohne, dass es mich emotional runterziehen konnte. Ich beobachtete mein Umfeld, ohne zu werten – auch das ist eine Eigenschaft, die man während der Meditation lernt.

Meditation im Alltag – wie kann sie hier außerdem helfen?

Wenn ich meditiere, tue ich das folglich irgendwann nach Feierabend, in Stille und allein. Diese Ruhe wirkt sich natürlich auch auf den Folgetag und alle anderen Tage der Woche aus. Ich bin dadurch ruhiger und entspannter. Dennoch muss man hier aktiv dranbleiben und sich immer wieder Zeit zum Meditieren nehmen. Denn Alltagsstress kann die Ruhe schnell wieder überstülpen. Meditation muss in Erinnerung gerufen und wie ein Muskel trainiert werden. Beständigkeit ist das Zauberwort.

Das Elementare – die Atmung

Kommen wir also noch einmal zurück zum Alltag: dieser ist oft alles andere als ruhig und entspannt. Meditation kann hier sinnvoll – wie ein Werkzeug – einsetzt werden, um die Ruhe zu bewahren. Dabei nutzt man bewusst den Atem, um genauer zu sein, man atmen ein und atmet aus. Bewusst und tief. *Ein-* und *Ausatmen* - eine Technik, die man sofort anwenden kann, wenn sich wieder ein Sturm anbahnt. Einatmen, ausatmen. Der Körper versteht an dieser Stelle sofort die Message: Stress ist zwar in Anmarsch, aber es bleibt immer noch Zeit zum Durchatmen. Der Stress, so denkt sich der Kopf, kann also gar nicht so schlimm sein. Der Atem ist stabil, heißt, Fehlalarm, kein Cortisol ausschütten, alles ist im grünen Bereich. Wir können noch gründlich Luft holen.

Atmen und sich aufs Nirwana freuen

Die zwei Atemzüge rufen außerdem immer die vollständige Praxis ins Gedächtnis, wir erinnern uns an meditative Praxiserfahrung und werden dadurch automatisch beruhigt. Der Atem ist ein wesentlicher Bestandteil der Meditation, der einen sofort in völlige Ruhe und Versenkung versetzt. Darauf darf man sich freuen. In wenigen Stunden (oder vielleicht auch schon gleich in der Mittagspause oder bei der Heimfahrt mit der Bahn) ist alles wieder im Lot und wir sind auf dem wohligen Weg ins Nirwana.

Da ist er: der innere Schalter

Und tatsächlich entdecken wir eines: das Ein- und Ausatmen ist unser innerer Schalter, nachdem wir doch vergebens gesucht haben! Die Praxis hilft dabei, den durch den Stress verursachten toxischen Hormoncocktail im Körper schnell und effektiv zu beseitigen und in den Normalzustand zurückzukehren. Jetzt darf man sich endlich wieder auf den Feierabend freuen – und nicht nur das: auch die Arbeit kann so wieder richtig Spaß machen.

Und warum wissen wir eigentlich so gut wie nichts darüber?

Als ich die viele Literatur über Meditation las, war ich erstaunt, was die meditative Praxis alles noch so bewirken kann. Es ist eine Schande – so dachte ich – dass uns dieses Wissen in der Regel vorenthalten wird. Wir wissen eigentlich nichts über die heilsame Wirkung von Meditation, außer wir befassen uns bewusst damit. Aber wer hat schon wirklich Zeit dafür? Außerdem treten wir dieser Praxis immer noch sehr skeptisch gegenüber.

Darüber hinaus, so vermute ich, verdient niemand daran, wenn Menschen durch Meditation gesund bzw. gesünder werden. Das wird wahrscheinlich der Grund sein, warum Meditation nicht aktiv angepriesen, beworben oder gefördert wird.

Aber es tut sich langsam was: im Kontext psychosomatischer Therapie wird Meditation immer häufiger als alternative Behandlungspraxis herangezogen. Immerhin. Sie heilt und hilft bei Erkrankungen. Doch noch besser wäre es, dass es gar nicht so weit kommt und Meditation als Prävention genutzt wird.

MEDITATION UND GESUNDHEIT

Was kann Meditation im gesundheitlichen Kontext? Und weil ich weiß, dass auch Du wahrscheinlich wenig Zeit für wissenschaftliche Abhandlungen hast, möchte ich Dir wenigsten einige der vielen Vorteile aufzeigen. Im Folgenden erfährst Du, was Meditation alles bewirken kann. Das Beeindruckende ist, viele der hier genannten Vorteile sind empirisch belegt und von immer mehr Wissenschaftlern als solche anerkannt:

Meditation hilft zum Beispiel,

- achtsamer im Alltag zu sein und damit Stress (etwa durch Multitasking) besser bewältigen zu können
- Stress generell bis zu 50% nachweislich zu reduzieren
- klare Gedanken zu haben und sich besser konzentrieren zu können
- seinen Körper besser zu spüren, zu wissen, was einem wirklich fehlt oder was stört (was bei Depression, Fehlernährung oder Schlafproblemen äußerst hilfreich ist)
- Ruhe zu finden und besser zu schlafen
- Insgesamt entspannter zu sein
- aber auch, Antworten auf übergeordnete Sinn- und damit Lebensfragen zu finden
- bessere und wohlüberlegte Entscheidungen zu treffen

- insgesamt strukturierter, fokussierter und damit effizienter zu sein
- seine persönlichen Ziele besser erreichen zu können

Auswirkungen auf Herz und Psyche

Meditation zählt wohl zu den beliebtesten Untersuchungsgegenständen der letzten Jahrzehnte bei Neurologen (Hirnforscher) - schon allein, weil Aufnahmen des Gehirns während einer meditativen Versenkungspraxis mithilfe von Magnetresonanztomografie (MRT) erstaunliche Bilder ans Licht brachten. Hier einige Beispiele:

Meditation beeinflusst das vegetative Nervensystem positiv. Sprich, sie ruft Entspannungsreaktionen hervor und reguliert gleichzeitig unsere Emotionen. Regelmäßiges Meditieren verändert Strukturen und Arbeitsweisen des Gehirns. Das kann man besonders im Hippocampus feststellen. Die sogenannte graue Substanz wird durch Dauerstress und Cortisol angegriffen und beschädigt. Regelmäßiges Meditieren bewirkt das Gegenteil. Die Strukturen verdichten sich, es entsteht eine Art *dickes Fell*, je öfter man meditiert.

Meditation stoppt nachweislich außerdem die Zellalterung und so auch den allmählichen Verfall des Gehirns (Stichwort: Demenz und Alzheimer).

Die regelmäßige Praxis erhöht beispielsweise die Empfindung des eigenen Körpers. Man spürt sich selbst wieder besser und lernt zu beobachten und gleichzeitig achtsamer zu sein. Emotionen werden wahrgenommen, starre, vielleicht schon verkrustete Sichtweisen aufgebrochen. Dies bewirkt ein Umdenken, so etwas wie über den Tellerrand hinausschauen. Energien werden aktiviert und neuer Mut geschöpft. Der stillen Sitzmeditation folgt vermutlich bald ein mutiger Aktivismus, ein Leben im Hier und Jetzt und voller Tatendrang.

Meditation ist nachweislich auch gut für´s Herz – und das ohne Nebenwirkungen. Klar, denn Ruhe und Entspannung reduzieren den Stress und senken den Bluthochdruck. Die meditative Entspannungspraxis wirkt sich somit auf das gesamte Herz-Kreislauf-System aus. Man konnte sogar beobachten, dass sich der Blutzuckerspiegel reguliert und depressive Verstimmungen oder chronische Schmerzen zurückgehen.

Meditation – ist nicht nur bei Krankheit, sondern erst recht als Vorsorge geeignet!

Inzwischen wird Meditation als Methode und Therapie bei psychisch labilen aber auch schmerzbeklagten Patienten angewendet.

Doch nicht nur im Kontext einer Erkrankung, sondern vor allem als präventive Maßnahme und Methode lässt sich Meditation hervorragend im Alltag anwenden. Jederzeit, und spätestens abends nach Feierabend, wenn der Tag wieder einmal einfach nur stressig war!

Hirnwellen beeinflussen

Dank der vielen neurologischen Untersuchungen kann man uns praktisch ins Gehirn schauen. Mithilfe der Elektroenzephalografie (kurz EEG) lassen sich verschiedene elektrische Aktivitäten im Gehirn messen. Man verzeichent verschiedene Wellen, die unterschiedliche Frequenzen aufweisen:

- die niedrigste Frequenz bewegt sich zwischen 0,1 bis 4 Hertz (= Schwingungen pro Sekunde). Man nennt diesen Zustand auch **Delta-Wellen**. Diesen erreichen wir im traumlosen Tiefschlaf. In dieser Phase erholen wir uns am besten.
- Die **Theta-Wellen** bewegen sich zwischen 4 und 8 Hz. Diese erreichen wir in einer Phase der Schläfrigkeit, im leichten Schlaf oder dem sogenannten REM-Schlaf. REM steht für „Rapid Eye Movement" (schnelle Augenbewegung), das während des

Schlafs bei geschlossenen Lidern passiert. Dieser Zustand triff beispielsweise auf, wenn wir uns gerade in der Einschlafphase befinden.

- Bei 8 bis 13 Hz spricht man von **Alpha-Wellen**. Wir sind zwar wach, aber entspannt, zum Beispiel auf unserem Balkon, in der Sonne, oder bei einem Song, der uns gute Laune bereitet. Diese Phase wird auch die „Welle der Entspannung" genannt und wird daher als Voraussetzung für die Meditation betrachtet.

- **Beta-Wellen** treten bei 13 bis 30 Hz auf. Sie ist eigentlich genau das Gegenteil zu den Alpha-Wellen: Beta-Wellen sind unser ganz normaler Wachzustand bei vollem Bewusstsein. Sie treten auf, wenn wir arbeiten, gestresst sind und wenn es laut um uns herum ist. Interessanterweise werden bei Menschen mit psychischen Problemen wie Angststörungen oft Beta-Wellen gemessen.

- Alles über 30 Hz wird **Gamma-Wellen** bezeichnet. Dieser Bewusstseinszustand wurde als letztes entdeckt und ist bis heute wenig erforscht. Für uns ist er am Wichtigsten, denn hierbei erreichen wir die höchste Konzentration bei tiefster Entspannung. Man spricht in diesem Zusammenhang auch von „Peak Experience", einer Art Spitzenleistung durch starke Fokussierung und gleichzeitiger Versenkung. Bei Meditierenden werden Gamma-Wellen gemessen.

Vom ganz normalen Trubel zu inneren Weisheit

Wir können also bewusst Einfluss auf unsere Gehirnfrequenzen nehmen und sogar

Entspannungsphasen einleiten. Bereits der Rückzug, ein kleines Päuschen, die Beschäftigung mit Dingen, die uns entspannen, wirken sich positiv auf unser Wohlbefinden und damit auf die Hirnwellen aus. Von Beta (der „ganz normale Wahnsinn") zu Alpha („schön entspannt") bis zu Gamma („rauf auf die Spitze"). In dieser Höchstphase eröffnen sich neue Welten. Wir erfahren tief verborgene Schätze, erleben Geistesblitze und finden vielleicht einen Weg, eine Lösung und großartige Idee, die lange in uns schlummert und nach der wir vielleicht schon eine Weile suchen.

Und jetzt fragen wir uns: Einfach hinsetzen und Nichts tun? Ist das wirklich so einfach?

Wo fängt man an? Wie startet man? Wie genau geht man dabei vor? Vielen Menschen fällt genau dieser Einstieg schwer, was sie von einer regelmäßigen Praxis abhält.

Das Schöne ist, es gibt viele verschiedene Meditationspraktiken, die Du kennenlernen und ausprobieren kannst. Am Anfang ist es vielleicht etwas mühsam, die für sich passende Praxis herauszufinden. Die eine ist vielleicht etwas spirituell angehaucht, die andere vermutlich stärker körperzentriert. Die eine hat komplizierte

Techniken, die andere komisches Vokabular. Im Grund ist es aber ganz einfach: Hinsetzen, Augen schließen, durchatmen, Gedanken leeren, im Nichts versinken.

Ok. lass mich Dir im nächsten Abschnitt einige gängige Meditationspraktiken zeigen, die ich gerne etwas näher erklären möchte. Gleich darauf, und zwar im letzten Abschnitt dieses Buches, darfst Du endlich selbst eine bequeme Sitzposition einnehmen und Dich in Kontemplation üben.

FORMEN DER MEDITATION (AUSWAHL)

Man unterscheidet grundsätzlich zwischen aktiver und passiver Meditation. Was ist darunter zu verstehen? Bei der aktiven Meditation werden verschiedene, oft körperzentrierte Praktiken miteinbezogen. Yoga ist ein gutes Beispiel. Aber auch bestimmte Techniken aus der Kampfkunst, Gehmeditation oder das Gebet bestimmter Mantren. Hierbei wird die Aufmerksamkeit komplett auf die einzelnen Ausführungen und Übungen gelegt.

Die passive Meditation hingegen ist die tatsächlich kontemplative bewegungslose Praxis, bei der man einfach nur stillsitzt und sich in Versenkung übt. Dazu zählen die beiden im Westen bekanntesten Richtungen Vipassana (aus dem Theravada Buddhismus) und Zazen (gehört zum Zen-Buddhismus) oder auch Samatha-Meditation.

Sowohl bei der aktiven als auch der passiven Übung fokussiert man sich stets auf den Atem und das Ziel dabei ist, den Geist zu beruhigen bzw. die äußeren Einflüsse eine Weile zu ignorieren, seine Gedanken zu beruhigen und bei sich selbst zu sein.

Vipassana – zählt zu einer der ältesten Meditationstechniken Indiens. Das Wort „Vipassana" ist Pali und heißt so etwas wie Einsicht, das bedeutet „die Dinge sehen, wie sie wirklich sind". Deswegen wird sie oft auch als „Einsichtsmeditation" bezeichnet. Die Meditationspraxis kommt ursprünglich aus dem Theravada-Buddhismus und versteht sich als Übungsweg zur Einsicht.

Was aber genau soll eingesehen bzw. erkannt werden? Es geht bei der Praxis um Konzentration auf das Nichts (um zum Beispiel Klarsicht zu gewinnen) und um Loslassen von störenden

Gedanken. Das Ziel ist, den Geist von bisherigen Annahmen und Vorstellungen zu befreien. Auf diese Weise ist Vipassana auch eine ständige Neuorientierung, gleichzeitig ein Prozess, der voraussetzt, sämtliches Anhaften und allerlei Bewertungen abzuschalten (und sich dadurch zu erlösen). Dabei konzentriert man sich am besten auf den Atem. Dieser dient als Anker und hilft, achtsam zu sein und zur richtigen Einsicht zu gelangen.

Zazen – Ist eine Technik des sogenannten Zen-Buddhismus, die zur Beruhigung des Geistes beitragen und zur innerlichen Ruhe führen soll. Zen wird dem Mahayana-Buddhismus zugeordnet, der ab dem 6. Jahrhundert seinen Weg über Indien nach China (dort als „Chan" bezeichnet) und 700 Jahre später als „Zen" nach Japan fand. Zen steht für „Versenkung" und za für „sitzen" (座禅). Zazen wird allerdings als die Praxis ohne religiösen Bezug gesehen, hier spielt weder die Person Buddha noch irgendein Dogma dahinter.

Es geht nur um die Versenkung im Sitzen. Auch hier steht die Bemühung im Vordergrund, alle Gedanken abzuschalten und das Nichts zu erfahren. Schwer vorzustellen, aber sämtliches Dasein, Subjekt, Objekt, Inneres und Äußeres werden bei dieser Bemühung aufgelöst. Man taucht ein im Nichts, in dem alle Fragen beantwortet bzw. als soolche aufgelöst werden. Weil Zazen so unkompliziert einfach zu verstehen ist, erfreut sie sich im Wester großer Beliebtheit. Doch die Praxis ist alles andere als einfach. Der Praktizierende wird sich fragen, wie soll das gehen, an Nichts zu denken, sich von jeglichen Abhängigkeiten zu lösen und im Nichts zu versinken?

Zazen ist deshalb auch die Praxis der Anstrengung, Geduld und Disziplin. Doch die Mühe lohnt sich, betonen Erfahrene. Wenn man beginnt zu verstehen, dass alles nur eine Illusion ist, wird sich auch der vermeintlich stressige Alltag als unbedeutend zeigen und man selbst wird innerlich ins Unermessliche wachsen. Zazen bedarf der täglichen Übung im „einfachen Sitzen". Auch hier ist die Konzentration auf dem Atem sehr dienlich. Geübte setzen sich gerade auf eine Matte in den sogenannten Lotussitz (Schneidersitz). Sie legen die beiden Handflächen so ineinander, dass sich Daumen und Zeigefinger berühren und ein in sich geschlossenen Kreis bilden.

Samatha – kommt ebenfalls aus der Theravada-Tradition und heißt übersetzt „friedliches Verweilen". Sie ist eine Übung der Konzentration und Geistesruhe und wird manchmal der oben genannten Achtsamkeitsmeditation Vipassana angeschlossen. Der Unterschied beider Praktiken liegt darin, dass man sich bei Vipassana darum bemüht, alle Vorstellungen aufzulösen, während beim Samatha die Aufmerksamkeit bewusst auf einen Gegenstand gerichtet und diese damit objektiviert wird. Hierbei steht klar die Konzentration auf eine Sache im Vordergrund. Bei dieser Meditationspraxis wird der Geist darin geschult, sich besser konzentrieren und fokussieren zu können und im Alltag beispielsweise negative Gefühle und Emotionen durch Positive zu ersetzen. Der menschliche Geist kann sich nur auf eine Sache konzertieren. Samatha hilft dabei, die Aufmerksamkeit auf die richtige Sache zu lenken. Das Meditationsobjekt (auch „kasina" genannt) kann natürlich frei gewählt werden. Man kann eine Buddhastuatue, ein Bild, eine Kerze, ein Duft, einen Ton oder ein Mantra als Hilfsmittel wählen. Während der Meditation kann sich der Geist beruhigen, der Körper entspannen und gleichzeitig auch einen Zustand der Leere (des „Nicht-Denkens") erfahren.

Metta Meditation – Diese Übung wird auf den tibetischen Buddhismus (Vajrayana) zurückgeführt. Sie ist die Technik der Liebe und des Mitgefühls. Metta ist Sanskrit und steht für „Sanftheit" und „Freundlichkeit". Dabei wird der

Geist darin geschult, Mitgefühl gegenüber seinen Mitmenschen zu kultivieren, egal ob Freunde, Fremde oder gar Feinde. Es geht um die Nächstenliebe aller Wesen ohne Ausnahme. Mithilfe dieser Meditation soll der Mensch lernen, inneren Frieden zu bewahren, egal was von außen auf ihn einwirkt. Wer seinem Gegenüber mit Freundlichkeit und Empathie begegnet, wird jede schwierige Situation gelassen und mit innerlichem Frieden meistern. Die Idee ist, dass die Ursachen für Leid und Probleme auf drei wesentliche Geistesgifte zurückzuführen sind: Auf Gier, Aggression und Unwissen. Mithilfe der Metta Meditation kann man diesen „Giften" herzlich entgegen treten, ohne seine Gefühle selbst davon anzustecken. Es geht im Alltag nicht darum, das letzte Wort zu haben, der oder die Lauteste zu sein oder die besseren Argumente hervorzubringen. Es geht vielmehr darum, seinen inneren Frieden zu bewahren und sich eben nicht von äußeren Gegebenheiten beeinflussen und lenken zu lassen.

Bei der Metta Meditation geht es deshalb in erster Linie auch um Selbstliebe. Sie schult das Selbstbewusstsein und deckt innere Qualitäten auf. Die Meditation hilft, die Rolle des Betrachters einzunehmen, sich selbst zu betrachten und seine Stärken und Eigenschaften besser wahrzunehmen.

Wenn man weiß, was einen glücklich, zufrieden und innerlich frei macht, wird sich nicht mehr so schnell von äußeren Faktoren beeinflussen lassen. Man wird gelassener und damit immun gegen jeglichen Stress.

Transzendentale Meditation – kurz auch einfach nur TM, wird auf den indischen Meister Maharishi Mahesh Yogi (20. Jahrhundert) zurückgeführt. Unter TM versteht man eine geistige Erneuerungsbewegung, die insbesondere auf Selbstheilungsprozesse setzt. Auch hier geht es darum, sich zurückzuziehen, in Stille zu meditieren und sich auf ein Mantra zu fokussieren. Ziel hierbei ist, während der Praxis zu „transzendieren", das heißt, sich gedanklich aufzulösen und das eigentliche (unbewusste) Selbst zu erfahren. Die TM ist als Organisation allerdings mit Vorsicht zu genießen. Immer wieder stehen die Anhänger der Organisation mit scheinbar „sektenhaften" Charakter in den Schlagzeilen.

Doch die eigentliche und simple Praxis (unabhängig von Institution) verspricht schnelle positive Wirkung: zwei Mal 20 Minuten am Tag genügen, den Geist zu beruhigen und gelassener im Alltag zu sein. Die volle Konzentration auf ein Mantra hilft, die Gedanken für eine Weile abzustellen und einfach im Hier und Jetzt zu sein.

Auch soll durch die einfache Technik neue Energie freigesetzt werden.

MBSR – steht für Mindfulness-Based Stress Reduction und heißt „Achtsamkeitsbasierte Stressreduktion". Diese Praxis wurde in den 1970er Jahren vom amerikanischen Molekularbiologen Jon Kabat-Zinn entwickelt und im Rahmen von verhaltens- und psychotherapeutischen Behandlungen erfolgreich eingesetzt. MBSR wird als achtwöchiges Programm angeboten, dass beispielsweise Übungen der Körperwahrnehmung, aber auch Yogastellungen und Sitzhaltungen beinhaltet. Auch hält das Programm Gehmeditationen und Achtsamkeitsübungen für den Alltag bereit. Es geht darum, seinen Körper wieder zu spüren, sich selbst bewusst wahrzunehmen und mehr über sich zu erfahren.

Es geht auch darum, seine Gedanken bewusst zu lenken, Gefühle zu beobachten, „das, was ist" als momentaner Zustand zu akzeptieren. Viele Erkrankte, die sich dieser Therapie unterziehen, profitieren vom MBSR-Training insofern, dass sie chronische Leiden zurückgehen und die Krankheit an sich besser verstanden wird. Die Patienten lernen, besser mit ihren Emotionen aber auch physischen Schmerzen umzugehen. Sie können sie besser zuordnen und sie lernen mithilfe der

Achtsamkeitspraxis den Körper zu „lesen". Achtsamkeit hilft, wieder Herr über seine Gedanken und Gefühle zu werden. Denn diese werden oft von außen gelenkt, ohne dass man es merkt. Mithilfe der Meditation lernt man auch, innezuhalten und die gegenwärtige Situation als Herausforderung (und nicht als Sackgasse) zu verstehen. Das wiederum unterstützt die Therapie, die immer auch ein Selbstheilungsprozess ist und der Erfolg nicht zuletzt von der inneren Einstellung abhängt.

Kundalini Yoga – Ja, die Praxis hat etwas mit Yoga, mit Tantra, aber auch etwas mit Spiritualität und übergeordneten Vorstellungen zu tun. Man teilt den Körper hierbei in sieben sogenannte Chakren auf. Ziel ist die „Erweckung" der Kundalini und ihr Aufsteigen in die oberste Chakra, um Erleuchtung zu erfahren. Kundalini kann man als eine Art ästhetische Kraft des Menschen betrachten. Sie ist wie eine „schlafende Schlange", die am Ende der Wirbelsäule jedes Menschen sitzt. Es gilt, diese Kraft durch entsprechende Yogapraktiken und Meditation, aber auch durch eine entsprechende Lebensweise und die richtige Ernährung aufzuwecken. Ist die Kraft erst einmal entfacht, die meisten nehmen eine Art Hitzewallung und aufkommende Wärme wahr, nimmt sie ihren Lauf.

Aber erst durch regelmäßiges Yoga kann sie auch richtig gesteuert werden.

Mit jeder Transformation wird ein Chakra durchbrochen, bis man schließlich beim obersten und letzten angelangt und dabei „pures Glück" erfährt. Das Durchbrechen der Chakren wird auch als Reinigungsprozess verstanden. Die Erhitzung des Körpers wird dabei bewusst aktiviert, damit der oder die Praktizierende seine Körpertemperatur beherrschen und verstehen lernt.

Mini-Meditation – einer immer größeren Beliebtheit erfreut sich aktuell die sogenannte Mini-Meditation. Die Vertreter dieser Praxis sind sich sicher, dass bereits wenige Minuten genügen, um entspannter im Alltag zu sein. Der klare Vorteil dieser Meditation liegt darin, dass sie jederzeit und ganz schnell umgesetzt werden kann: ein paar Minuten unter der Dusche, auf der Parkbank oder beim Teetrinken. Die Mini-Meditation schafft vor allem eins: schnelle Abhilfe im stressigen Alltag.

Und so funktionierts´s: Bequem hinsetzen, alle Störfaktoren beseitigen, Augen schließen und vorstellen, man wäre ein Vogel, der weit oben in der Luft schwebt und sich vom Wind tragen lässt. Als Vogel mit großen Flügeln gewinnt man immer mehr Abstand zur aktuell Situation. Man steigt immer weiter auf, bis man nicht nur das Gebäude von oben sieht, sondern auch das Umfeld, den kompletten Stadtteil, und alles andere drum herum. Die Perspektive hier oben ist traumhaft: lauter Wolken und da hinten sogar Berge, ein Waldstück und vielleicht ein See oder das Meer. Nun gilt es, die Gegend zu erkundigen. In welche Richtung soll es gehen? Dort unten steht ein schöner großer Baum, die perfekte Landefläche. Und sobald man sich fest in den dicken Ast gekrallt und ganz tief durchatmet, ist es wieder Zeit, die Augen zu öffnen und sich dem Tagesgeschehen mit voller Frische und neuer Energie zu widmen.

WIE MEDITIERE ICH?

Kommen wir nun zur eigentlichen Praxis und damit zum Ende dieses Buches. Ab sofort darfst Du Dich selbst in der Ruhe üben. Du hast jetzt verschiedene Meditationstechniken kennengelernt und erfahren, dass es im Grunde immer darum geht, regelmäßig Stille zu praktizieren, um seine Gedanken zu sortieren, abzuschalten und einen gesunden Abstand zum Alltag zu finden. Es geht auch darum, eine innere Haltung zu kultivieren, die auch im Trubel der Zeit aktiv dabei hilft, besser zurecht zu kommen. Und dabei hilft Dir Meditation enorm.

Im Fokus steht immer der Atem – ein wunderbarer Anker, an den man sich klammern kann.

Man kann aktiv meditieren: beim nächsten Spaziergang, bei einem Konzert oder während des Abwasches. Aber noch viel besser ist die passive Meditation, die stille Sitzmeditation, mit geschlossenen Augen und einem fokussierten Geist.

Hierbei wird die eigene Achtsamkeit geschult, gleichzeitig werden Gedanken leiser und Muskeln entspannen sich. Ein rundum-Wohl-Paket, dass jederzeit und allerorts eingesetzt werden kann.

Es lohnt sich ab der ersten Minute

Dass Meditation guttut, erfährt man schon nach wenigen Sitzungen. Sie sorgt für Entspannung und inneren Frieden, für erhellende Momente, wenn nicht sogar klare Gedanken und frische Ideen. Wir werden gelassener und bauen gezielt Stress ab – kein Hokuspokus, sondern alles messbar und sogar naturwissenschaftlich nachvollziehbar.

Wichtig ist, dass wir während der Meditation nicht komplett abdriften oder sogar einschlafen, sondern uns stets auf den Atem konzentrieren. Aus diesem Grund wird die Sitzhaltung empfohlen. Alles andere würde wohl davon ablenken.

Zeitpunkt

Am besten Du übst am Abend, wenn Du danach keine weiteren Termine oder Verpflichtungen hast. Oft genügen schon 20 Minuten und Du fühlst Dich frischer, energiegeladen und etwas erholter. Schau Dir Deinen Wochenplan an. An welchen Abenden kannst Du ein paar Minuten entbehren? Vielleicht sieht das Wochenende etwas entspannter aus?

Körperposition

Wenn möglich, nimmst Du eine gerade Sitzposition ein. Der Lotussitz wird hierbei gerne empfohlen. Dabei setzt Du dich in den Schneidersitz und legst die Hände auf den Oberschenkeln ab oder führst sie am Bauchnabel zusammen, indem Du beide Handflächen ineinanderlegst. Die Schultern sind dabei entspannt und der Kopf ist leicht nach vorne gebeugt. Wenn Du es als unbequem oder schmerzhaft empfindest, empfehle ich einen Stuhl, die Couch oder Du setzt Dich wie ich auf den Boden, an die Wand gelehnt. Deck Dich dabei ruhig zu, nimm Dir ein Kissen für den Rücken. Mach es Dir bequem, Du sollst Dich schließlich entspannen nicht kasteien.

Fokussierung

Es wird empfohlen, die Augen während der Meditation zu schließen. Aber gerne kannst Du auch einen Punkt fokussieren, ein Bild oder eine Statue anschauen. Du kannst ein Mantra oder ein Gebet sprechen oder Dich einfach auf Deinen Atem fokussieren. Einatmen, ausatmen. Einatmen, ausatmen. Fokussiere Dich darauf.

Gedanken

Prüfe bei der Atmung immer, ob Deine Gedanken dieser auch weiterhin folgen. Gerne driften unsere Gedanken ab oder werden ganz laut. Fällt es Dir bewusst auf, dann stoppe sie. Fokussiere Dich neu. Immer und immer wieder und so lange, bis die Gedanken leiser und ruhiger werden (glaub mir, irgendwann klappt es).

Regelmäßigkeit

Wichtig ist es, Meditation wie einen Muskel regelmäßig zu trainieren, sonst erschlafft Deine Erfahrung und Du musst von vorne starten. Doch je häufiger Du meditierst, desto besser gelingt Dir die Kontemplation. Wenn Du einmal richtig in der Versenkung bist, wirst Du danach süchtig. Du wirst dieses Nichts immer und immer wieder herbeisehnen.

Auf dem Weg ins Nirwana

Es gilt also zunächst den Entspannungszustand (Alpha-Wellen) zu erreichen. Das ist ganz einfach: setz Dich auf eine Bank in die Sonne, lausche einem tollen Song, der Dir gute Laune bereitet oder nimm Platz auf der Couch. Schon rutschst Du in die Alpha-Wellen. Jetzt gilt es, nicht vor lauter Entspannung (Theta-Wellen) einzuschlafen, sondern die Gamma-Wellen mithilfe von Meditation zu aktivieren. Das ist natürlich eine Sache der Übung.

Wenn Du gut geübt bist, lösen sich Körper und Geist nach einer Zeit auf und Du gelangst in den Zustand von Zeitlosigkeit und Unendlichkeit - mit gleichzeitig vollster Konzentration und Klarsicht. Es versteht sich von selbst, dass Du in dieser Phase über allen Dingen stehst. Alles was Dich sonst beunruhigt oder zerstreut wird banal und ist weit weg. Im Nichts gibt es nichts, kein Subjekt, kein Objekt, an denen das Herz anhaftet. Alles ist Illusion. Alles ist nichts. Und das ist für eine Weile gut so. Körper und Geist profitieren davon. Du erholst Dich, tankst auf, schaltest ab und kommst endlich zur Ruhe.

Genieß es! Du hast es verdient. Nimmt Dir die Zeit. Sie gehört nur Dir allein.

Wenn das ganze Leben plötzlich in nur einen Koffer passt, dann ist das nicht nur verrückt, sondern ganz schön spannend. Das Leben wird leichter und plötzlich tun sich Chancen auf, auf die man vorher gar nicht geachtet hat. In dieser zugegeben sehr minimalistischen Gebrauchs-anweisung zeigt Joy, wie ihr das Leben mit 100 Dingen gelingt.

ISBN-13: 9783734712203

Als Lillian Hagen sich für ein geistes-wissenschaftliches Studium entscheidet, fragt man sie ständig, was man damit später einmal machen kann. Sie wurde Texterin. Damit lässt sich ganz normal Geld verdienen, genauso wie mit dem Verkauf von Brötchen oder Jeanshosen. In diesem Buch verrät sie, wie das geht und wie die Arbeit von morgen, heute schon aussieht.

ISBN-13: 9783732292967

"Sitzen ist das neue Rauchen" - was ist dran an dieser Aussage? Der Fitnesscoach Sven Hof geht den Folgen von zu viel Sitzen nach und motiviert zu mehr Bewegung im Alltag. Die ersten sechs Jahre unseres Lebens, so ist sich Hof sicher, sind die aktivsten unseres Lebens. Dann werden wir zum Sitzen erzogen. Wie man mit Bürojob dennoch auf seine Schritte kommt, erfährt man in diesem Buch.

ISBN-13: 9783743177291

Dieser Titel erscheint bald in der 33 SEITEN Reihe:

Was verbirgt sich eigentlich hinter der **TIGER DIÄT**? Sie verspricht Erfolg beim Abnehmen mit Tipps und Tricks aus Singapur. Ang Mo* (Name abgeändert) muss es ja wissen. Die junge Frau pendelt ständig zwischen Singapur und Deutschland und macht jedes Mal eine wichtige Beobachtung: Immer, wenn Sie in der asiatischen Metropole ist, nimmt sie automatisch ab. Was macht sie dort anders? Was isst sie

und wie gestaltet sie ihren Alltag? Was unterscheidet ihn zu dem in Deutschland? Gehe mit Ang Mo auf Reise und lerne die leckeren Tipps und Tricks aus der Tigerstadt kennen.

1. Auflage 2019
Printed in Germany.
Alle Rechte vorbehalten.
© 2019 Judith Probst-Grasser
Herstellung und Verlag : BoD – Books on Demand,
Norderstedt www.bod.de

ISBN: 978-3748-199083

Bibliografische Information der Deutschen Bibliothek: Die Deutsche Bibliothek verzeichnet diese Publikation in der Deutschen Nationalbibliografie; detaillierte Daten sind abrufbar unter http://portal.dnb.de.

Dieses Buch ist kein psychologisches Nachschlagewerk, sondern ein Ratgeber, der seine Leser*innen inspirieren und in die Lage versetzen möchte, informierte Entscheidungen über die eigene Lebensweise zu treffen. Die hier dargestellten Informationen sind die eigene Meinung des/ der Autor*in.

Das Werk, einschließlich seiner Teile, ist urheberrechtlich geschützt. Jede Verwertung ist ohne Zustimmung des Verlages und der Autorin unzulässig. Dies gilt insbesondere für die elektronische oder sonstige Vervielfältigung, Übersetzung, Verbreitung und öffentliche Zugänglichmachung.
Bildnachweis: Canva.com.

Du hast eine Meinung zu diesem Buch, die Du gerne loswerden willst? Dann hinterlasse uns gern ein paar Zeilen auf den gängigen Bewertungsportalen oder schreibe uns direkt. Wir freuen uns, wenn Dir das Buch gefallen, vielleicht inspiriert und auf neue Ideen gebracht hat. Oder Du hast selbst ein tolles Projekt, Thema oder Spezialwissen, dass Du auf 33 Seiten zusammenfassen kannst und einer breiten Leserschaft vorstellen willst? Dann nimm gerne Kontakt über 33Seiten@gmail.com auf.